Elisabeth Zöller, geboren 1945, träumte schon als Kind davon, »später« zu schreiben. Zunächst wollte sie in einem anderen Beruf arbeiten, um vieles »im Kopf zu sammeln«. Sie studierte Deutsch, Französisch, Kunstgeschichte und Pädagogik in München, Lausanne und Münster. Mit dem Schreiben begann sie 1989 nach 20 Jahren als Lehrerin an verschiedenen Gymnasien. Bis heute hat sie ca. 50 Bücher geschrieben: schwere, leichte, reflexive und die mit dem Augenzwinkern ... Ihre Bücher wurden in verschiedene Sprachen übersetzt und mit vielen Preisen ausgezeichnet.

Brigitte Kolloch, 1975 im westfälischen Soest geboren, hat schon als Kind gerne Geschichten erzählt und aufgeschrieben. Nach dem Abitur machte sie eine Ausbildung zur Kinderkrankenschwester und arbeitet heute auf einer Intensivstation für Frühgeborene. Sie hat nie aufgehört zu schreiben, und vor ein paar Jahren ist ihr erstes Buch erschienen. Neben Arbeit und Schreiben malt sie gerne Ölbilder oder geht ins Fußballstadion.

Eva Czerwenka, geboren 1965 in Straubing, studierte Bildhauerei an der Kunstakademie München. Seit 1992 ist sie freischaffend als Illustratorin für verschiedene Verlage und als Bildhauerin tätig.

ellermann im Dressler Verlag GmbH · Hamburg
© Dressler Verlag GmbH, Hamburg 2012
Erstausgabe 2008: Verlag Heinrich Ellermann GmbH, Hamburg
Alle Rechte vorbehalten
Einband und farbige Illustrationen von Eva Czerwenka
Reproduktion: Die Litho, Hamburg
Druck und Bindung: Grafisches Centrum Cuno, Calbe
Printed 2015
ISBN 978-3-7707-2917-3

www.ellermann.de

Elisabeth Zöller · Brigitte Kolloch · Eva Czerwenka

Kleine
Dinosaurier
Geschichten
zum Vorlesen

ellermann im Dressler Verlag · Hamburg

Der kleine Pacci mit der guten Nase

»Na warte«, ruft Pacci. Er schaut seinen Freund Ceppi grimmig an.
Dann geht er ein paar Schritte zurück und hält Ceppi drohend seine große Schädeldecke vor die Nase. »Du Blödi, du hast alle meine Früchte weggefressen«, meckert er.
Auch Ceppi schaut ganz grimmig und steht Pacci breitbeinig gegenüber.
»Komm doch, komm doch«, ruft er und streckt Pacci seinen Schädel entgegen.
Ceppi schnauft gefährlich durch seine feinen Nasenlöcher, und dann nimmt er Anlauf.
Er rennt direkt auf seinen Freund Ceppi zu. Beide senken ihre Köpfe.
»Krawumm!« Da knallen ihre dicken Schädel auch schon gegeneinander.
Ceppi taumelt ein bisschen.
Siegessicher stolziert Pacci an ihm vorbei.
»He«, schnaubt Ceppi. »Noch mal.«

Pacci nickt.

Krawumm! Wieder lassen sie ihre Köpfe aneinanderknallen.

Diesmal fällt Pacci fast um.

»Ha«, schnaubt Ceppi. »Siehst du, ich bin auch stark. Komm, lass uns neue Früchte suchen. Ich hab Hunger.«

»Guck mal«, sagt Pacci. »Da sind meine Eltern, lass uns woanders hingehen, die haben hier sicher schon alles weggefressen.«

Die beiden Freunde gehen etwas tiefer in den Wald, um dort nach Früchten und frischen Pflanzen zu suchen. Schon bald schmatzen sie genüsslich.

Plötzlich flüstert Pacci: »Sei mal still.«

»Was ist denn?«, schmatzt Ceppi und schnappt nach dem nächsten Blatt.

»Pssst, leise«, mahnt Pacci. »Riechst du nicht diesen fauligen Gestank?«

Ceppi hört sofort auf zu fressen und schnüffelt. »Ja«, flüstert er ängstlich.

Beide wissen, was das bedeutet. Ganz vorsichtig schauen sie sich um.

»Da«, flüstert Pacci und deutet zu einer Lichtung.

Ceppi erstarrt vor Angst. »Tyranno ist wieder da.« Seine Stimme zittert.

Tyrannosaurus ist riesig, und wenn er Hunger hat, greift er alle Dinosaurier an, die ihm über den Weg laufen.

Er steuert direkt auf Paccis Familie zu.

»Wir müssen sie warnen«, flüstert Ceppi.

Tyranno bleibt stehen und schaut sich um.

Pacci und Ceppi halten vor Angst die Luft an. Aber zum Glück bemerkt Tyranno sie nicht.

Die beiden schaffen es tatsächlich, unbemerkt durch die Büsche zu Paccis Familie zu schleichen.

»Na«, lacht sein Vater. »Was schleicht ihr euch denn so an? Ihr wolltet uns wohl erschrecken?«

»Nein«, flüstert Pacci und macht dabei seinem Vater ein Zeichen, ganz leise zu sein. »Tyranno kommt hierher. Ich hab ihn gerochen.«

»Du bist klasse«, flüstert sein Vater stolz. Er schaut sich vorsichtig um und hält seine Nase in alle Richtungen. Schnell riecht auch er den großen Tyranno.

»Los«, zischt Pacci den anderen zu. »Hört auf zu fressen, und versteckt euch.«

Die anderen nehmen Pacci und Ceppi aber nicht ernst und fressen einfach weiter.

Bumm, bumm!, ertönt es plötzlich aus dem Wald.

Schwere Schritte kommen auf sie zu.

Jetzt begreifen es alle. Gefahr! Blitzartig huschen sie tief in den Wald.

Aber Tyranno ist schnell. Fast hätte er Ceppi am Schwanz erwischt. Die kleinen Dinosaurier laufen um ihr Leben.

»Ich kann nicht mehr«, keucht Ceppi.

Plötzlich kommt Tyranno nicht mehr weiter. Die Bäume und Büsche im Wald sind viel zu dicht für ihn. Flink huschen Pacci, Ceppi und die anderen immer weiter durch das dichte Unterholz.

»Sieht so aus, als ob er stecken geblieben wäre«, sagt Pacci und muss grinsen.

»Glück gehabt«, freuen sich alle und bedanken sich endlich bei Pacci.

»Du hast wirklich die beste Nase!«, lobt ihn sein Vater.

Wer fliegt am weitesten?

»Meiner fliegt am weitesten«, schreit Luis und wirft seinen Papierflieger in die Luft.
»Nein, warte«, ruft Malena, »meiner fliegt höher!«
Blitzschnell schickt sie ihren Flieger hinterher.
Heute ist herrliches Herbstwetter, der Wind weht kräftig, und alle Kindergartenkinder haben etwas zum Fliegen mitgebracht. Luis und Malena haben kleine Papierflieger gebastelt, Dominik hat ein buntes Papierflugzeug, und Nadja hat sich von ihrem großen Bruder einen großen Drachenflieger ausgeborgt. Doch bei dem verheddert sich ständig die Schnur. Dabei hat es ihr Frau Kleinschmidt, die Kindergärtnerin, schon dreimal erklärt. Aber es funktioniert nur, wenn Frau Kleinschmidt Nadja hilft.
Dominik knickt an seinem Flieger ein wenig die Flügelspitzen ein. »Guckt mal, so fliegt er noch besser«, ruft er begeistert.
Jetzt kommt Marc zu den anderen. Unterm Arm hat er einen großen Flugdino! Marc stellt sich zu den anderen und lässt seinen Flugdino fliegen. Da kommt eine Windböe! Aber der Dino segelt ganz ruhig weiter und landet im Gras.
»Toll«, staunt Luis.
Und Malena fragt: »Wie heißt der denn? Was ist das für einer?«
Marc erklärt stolz: »Das ist ein Pteranodon. Und die gab's in echt! Mein Papa hat mir geholfen, ihn nachzubauen. Guckt mal, wie der fliegt …«
Schnell rennt Marc zu seinem Flugdino. Er muss sich ganz schön anstrengen, als er den Dino aufhebt, aber dann lässt er ihn fliegen, und das sieht richtig schön aus.

»Der echte Pteranodon war viel größer, der hier ist nur ein kleines Modell. Der echte war fast acht Meter lang. Größer als unser Auto!«
Da ruft Frau Kleinschmidt: »Kommt, wir lassen alle unsere Flieger starten!«
Luis und Malena sind die Ersten, die an der Startlinie bereitstehen. Alle wollen ihre Flieger starten lassen, und der, der am weitesten fliegt, hat gewonnen.
Als alle bereitstehen, gibt Frau Kleinschmidt das Startsignal. Luis hat sich neben Marc gestellt und lässt seinen Papierflieger losfliegen. Der kleine Flieger von Luis zischt durch die Luft und landet auf der Wiese. War das weit genug? Luis hält die Luft an, vielleicht hat er ja gewonnen? Doch da kommt der große Flieger von Marc angesaust – und landet genau auf Luis' kleinem Papierflieger.
Der ist kaputt.
Luis kann es erst nicht glauben, dann wird er furchtbar wütend. »Du Sturzpilot«, schreit er, »du Kaputtflieger!« Am liebsten würde er losheulen. Sein kleiner bunter Flieger ist ganz platt gedrückt, der fliegt nicht mehr!
»Das wollte ich nicht. Wirklich nicht«, stammelt Marc erschrocken.

»Kinder, es regnet. Alle rein, schnell«, ruft da Frau Kleinschmidt. Und wirklich, da fallen auch schon die ersten Tropfen. Alle rennen mit ihren Fliegern ganz schnell ins Haus. Luis schaut traurig auf seinen kaputten Flieger. Jetzt ist er auch noch nass! Marc versucht, seinen Pteranodon aufzuheben. Puh, ist der schwer. »Komm, ich helf dir«, brummt Luis und ist schon fast nicht mehr wütend. »Meiner ist ja sowieso schon kaputt.«

Marc staunt, aber dann nimmt jeder einen Flügel, und zusammen rennen sie, so schnell sie können, ins Haus. Pteranodon ist gerettet!

Im Haus wischt Marc mit seinem Ärmel die Regentropfen von seinem Flugdino. »Weißt du was«, sagt er, »wir basteln dir auch einen Pteranodon.«

»Oh ja!«, ruft Luis. »Aber jetzt bastel ich mir einen neuen Papierflieger. Der kann nämlich genauso weit fliegen wie dein Pteranodon!«

Und schon sitzen Luis und Marc nebeneinander am Basteltisch.

Lass uns Freunde sein

Die drei kleinen, grünen Dinosaurier gehören zu den Hypsilophodon. Sie heißen Hypsi, Silo und Don. Hinter den großen Bäumen, dicht am Flussufer, spielen sie ihr Lieblingsspiel: Fangen.
»Hab dich«, ruft Silo.
»Gar nicht«, schnauft Don, bleibt stehen und guckt Silo böse an.
»Ätsch, reingefallen«, lacht Silo und tippt Don am Ende seines spitzen Schwanzes an. »Jetzt hab ich dich.«
»Na warte«, ruft Don. »Ich krieg euch schon.«
Flink rennt er hinter Hypsi und Silo her.
Aber die beiden schlagen Haken, laufen Zickzack und tricksen ihn einfach aus.

Außerdem sind sie mit ihren grünen Rücken im dichten Laub fast nicht zu sehen. Nur hier und da verrät Don ein Rascheln, wo Hypsi und Silo gerade sind. Nach einer Weile geht Don die Puste aus.

Hypsi und Silo sind schon so tief in den Wald hineingerannt, dass sie gar nicht merken, dass er stehen geblieben ist. Sie rennen einfach weiter.

»Puh«, schnauft Don und gönnt sich erst mal einen Schluck Wasser aus dem Fluss. Das tut gut!

Als er wieder aufschaut, steht neben ihm etwas Großes. Etwas ganz Großes. Don kann nur die Beine sehen. Er legt den Kopf nach hinten. Vor ihm steht ein riesiger hellbrauner Dinosaurier. Vor Schreck kann sich Don gar nicht bewegen. Die gestreiften Vorderarme des Dinosauriers sehen bedrohlich aus. An beiden Händen hat er einen ganz großen Dorn. Langsam beugt er sich zu Don herunter.

»Bitte, tu mir nichts«, flüstert Don.

Der große Dinosaurier lacht: »Nein, ganz bestimmt nicht«, und nimmt auch einen Schluck Wasser.

»Ich heiße Igu«, sagt er. »Und wie heißt du?«

Don geht zur Sicherheit ein paar Schritte zur Seite. »Don«, piepst er schüchtern.

»Nun lauf doch nicht gleich weg«, meint Igu traurig. »Alle kleinen Dinos laufen immer weg vor mir. Sehe ich so schrecklich aus? Ich fresse auch nur Pflanzen, ehrlich.«

»Nein«, meint Don und kommt einen Schritt näher. »Aber wir Hypsilophodon laufen immer weg, das ist unsere Stärke. Wir sind sehr schnell.«

Igu nickt bewundernd. »So schnell wie du werde ich nie laufen können, obwohl ich noch wachse und so viel größer bin als du.«

»Du wirst noch größer? Cool!«, findet Don. »Komm, ich laufe nicht weg, und du frisst mich nicht auf.«

»Einverstanden«, meint Igu und trottet hinter Don her.

Als Silo und Hypsi den großen Igu sehen, verstecken sie sich schnell in einer Höhle.

»Deine Freunde haben auch Angst vor mir«, meint Igu traurig.

»Ich habe keine Angst vor dir, und außerdem wäre ich auch gerne so groß wie du«, meint Don und bufft Igu freundschaftlich in die Seite. »Lass die anderen doch, wir sind jetzt Freunde, ja?«

»Juchhu!«, freut sich Igu. »Ja, wir sind Freunde! Ich wäre auch manchmal gerne so klein und schnell wie du.«

»Du, Igu, ich wollte schon immer wissen, wie die Blätter und Blüten von da ganz oben schmecken«, sagt Don und zeigt auf einen großen Baum. »Gibst du mir mal was davon?«

»Na klar«, meint Igu. »Gibst du mir dann etwas von den kleinen Kräutern da unter dem Busch? Da komme ich mit meiner großen Schnauze nicht dran.«

»Na klar«, antwortet Don.

Gespannt probieren die beiden die unbekannten Sachen.

Plötzlich müssen sie lachen. Beide verziehen ihr Gesicht.

»Das schmeckt ja ekelhaft«, meint Don. »Gut, dass ich so klein bin und da oben nicht rankomme.«

»Igitt«, findet auch Igu und spuckt die Kräuter aus. »Gut, dass ich so groß bin und da unten nicht rankomme. Mir schmecken die Blätter und

Blüten hier oben viel besser.«

Don grinst seinen neuen Freund an.

»Komm, wir spielen Fangen! Du bist!«

Wer ist der Schönste?

Mitten im Urwald versammelten sich alle
Dinosaurier zu einem Wettbewerb. Sie wollten wissen, wer
der Schönste unter ihnen war.
Aus allen Himmelsrichtungen waren sie gekommen, und alle, die wollten,
durften mitmachen. Bedingung war, dass alle fair den Sieger anerkennen
würden und keiner einen anderen angriff. Das war für die vielen aufgeregten
Dinosaurier gar nicht so einfach.
Schließlich aber standen alle in einem großen Kreis auf der Versammlungs-
lichtung. Die Teilnehmer am Wettbewerb traten einer nach dem anderen in die
Mitte und stellten sich vor.
Als Erster stolzierte Plateosaurus in die Mitte und balancierte dabei seinen
Schwanz so elegant, dass er kaum den Boden berührte. Seine Vorderbeine
hielt er wie Arme in die Luft, und seinen langen, wendigen Hals reckte er
hoch über die Bäume des Urwaldes. »Ich glaube, ich bin der Schönste. Seht
nur, wie lang und wendig mein Hals ist. Und mein Schwanz erst!«, prahlte er
und wedelte dabei ein ganz klein wenig mit seinem Schwanz.

Gemächlich schritt er einmal im Kreis umher, fuhr seine Krallen aus und verließ den Ring. Beeindruckt klatschten alle.

Nun trat Triceratops in die Mitte der Lichtung. Zwei junge Saurier erschraken, als er seinen riesigen Nackenschild, der wie ein hochgestellter Kragen hinter dem Kopf aufragte, in ihre Richtung drehte. Auch ein paar andere Dinosaurier wichen respektvoll zurück. Dann klatschten alle, ohne dass Triceratops noch etwas hätte sagen müssen.

Als Nächstes sprang ein riesiger Iguanodon mit grau-weiß gestreifter Haut nach vorne. Er lief in die Mitte und murmelte vor sich hin: »Ich bin Iguanodon. Meine Lieblingsspeisen sind saftige Farne und Palmblätter, und ich lebe im Wald. Ich bin der Schönste.« Seine Streifen sahen toll aus, aber Iguanodon war etwas schüchtern. Die Zuschauer klatschten etwas weniger. Traurig trottete Iguanodon aus dem Kreis.

Der Tsintaosaurus konnte es gar nicht erwarten, so aufgeregt war er. »Seht doch nur, seht! Ein solches Horn hat niemand außer mir! Sieht es nicht umwerfend aus? Solch Einzigartigkeit hat sicher einen Preis verdient!«

»Was seid ihr alle eingebildet!«, schnatterte der große Flugsaurier Pteranodon und drängte den Tsintaosaurus von der Lichtung. »Ich zeige euch meine weiten Flügelhäute und meinen wundervollen Helm aus Horn, aerodynamisch, versteht sich.« Unter dem Raunen der anderen verbeugte er sich. Es stellten sich noch viele andere vor, auch der gefährliche Tyrannosaurus Rex. Er stellte sich in die Mitte und dröhnte: »Ich bin wunderbar. Ich bin der Gefährlichste, also bin ich auch der Schönste.« Als Letzter traute sich ein klitzekleiner Dinosaurier vor. Er war grün, mit herrlich schimmernden Punkten. Der kleine Dinosaurier stellte sich vor die anderen und sang:

»Ob riesig, mächtig, groß oder klein,
jeder will der Schönste sein.
Ich bin klein, und du bist groß.
Wir sind verschieden, und das ist famos.«

Da klatschten alle. Die mit den langen Hörnern und den großen Schildkämmen genauso wie die mit den gestreiften Rücken und den riesigen Kopfplatten. Alle schauten zu dem Lesothosaurus hinunter und sagten: »Du bist klug und mutig. Außerdem kannst du toll singen! Deshalb bekommst du den Preis.«
Der kleine grüne Dino hüpfte vor Freude im Kreis herum, seine spitzen Zähne blitzten mit seinen Augen um die Wette. Er verneigte sich vor allen und sang noch einmal:

»Ich bin klein, und du bist groß.
Wir sind verschieden, und das ist famos.«

Maxi gewinnt einen Freund

Diplodocus war ein Riesendinosaurier, und zwar ein ganz trauriger. Alle hatten Angst vor ihm – er war so furchtbar groß. Außerdem hatte er über seinen ganzen langen Hals bis hin zur Schwanzspitze kleine spitze Stacheln. Alle rannten schreiend vor ihm weg. Dabei wollte er doch nur spielen und endlich einen Freund finden.

Er stellte sich vor den Spiegel und betrachtete seinen Riesenkopf, die leuchtenden braunen Augen, die Stacheln am langen Hals. Das sah schön aus! Aber er war viel, viel größer als alle anderen. Mühsam versuchte er, sich klein zu machen. Doch spätestens, wenn er »Uah, uah« rief, streckte er den Hals wieder aus, weil dann das »Uah, uah« viel schöner klang. Und schon war er wieder groß.

Eines Tages ging der Riesendino zu seinem Dinoopa. Der war uralt und würde ihm sicher einen guten Rat geben können. Er erzählte ihm alles, und der alte Dino überlegte lange. Dann streckte er sich und sagte: »Es ist deine Größe, vor der viele erschrecken.« Er wiegte den Kopf hin und her und sprach weiter: »Deswegen ist es am besten, du versteckst dich zuerst. Und dann musst du den anderen genau erklären, wie groß du bist und dass sie keine Angst haben müssen. Und dass du eigentlich ein sehr, sehr lieber Dinosaurier bist.«

Das machte dem Riesendino Mut. Er zog los und versteckte sich am Rand der Straße hinter einem großen Gebüsch. Da hörte er einen Jungen kommen. Mal sehen, ob Opas Rat funktionierte.

»Hallo«, rief er freundlich und mit seiner zartesten Stimme hinter dem Busch hervor. Der Junge blieb stehen und fragte: »Wer ist denn da?«

»Ich habe mich hinter dem Gebüsch versteckt. Eigentlich suche ich einen Freund. Aber weil ich so groß bin und ein Dinosaurier, rennen alle vor mir weg.«

»Wirklich? Wie heißt du denn? Und bist du wirklich ein echter Dino?«, rief der Junge, der jetzt neugierig geworden war.

Der Dinosaurier freute sich und sagte: »Ich heiße Maximilian, der Große. Weil ich so groß bin.«

»Wirklich?«, rief der Junge. »Ich heiße auch Maximilian. Aber mich lachen alle aus, weil ich Maxi heiße und eigentlich miniklein bin. Ich bin also Maximilian, der Kleine.«

»Dann können wir uns ja zusammentun«, sagte der Dinosaurier, »alle Maximilians sollten zusammenhalten.«

»Ja«, antwortete der Junge, »Maximax und Minimax.«

Er hatte es noch nicht ganz zu Ende gesagt, da riefen zwei Jungen: »Komm, den Mini schnappen wir uns.«

Da ertönte ein lautes »Uah, uah«, und eine Stimme hinter dem Busch rief: »Ihr rührt meinen Freund Maxi nicht an.«

Die beiden Jungs lachten nur und wollten sich jetzt erst recht auf Maxi stürzen. Doch da kam der Riesendinosaurier aus dem Gebüsch hervor. Wie sie da erschraken! Sogar Maxi guckte erschrocken, aber nur ganz kurz. Der große Dinosaurier stellte sich vor seinen Freund, lächelte die beiden Jungs an und meinte: »Jetzt kommt doch. Ihr wolltet es uns doch gerade zeigen. Habt ihr keinen Mut mehr?«

Doch die beiden Angeber waren schon weg. Sie waren, so schnell sie nur konnten, durch eine kleine Lücke im Gebüsch entwischt. Die würden Minimax nie wieder ärgern.

Und Maximilian, der Große, und Maximilian, der Kleine, lachten und freuten sich über ihre erste gemeinsame Tat!

»Gut, dass du so groß bist.« Der Junge klopfte dem Dinosaurier auf die dicke Haut. Der Dinosaurier war zum ersten Mal stolz auf seine Größe.

Ein aufregender Tag!

Vorsichtig steckt der kleine Parasaurolophus seine Schnauze aus dem Gebüsch. Niemand da! Er guckt nach links und dann nach rechts, aber er ist wirklich ganz allein. War das ein schrecklicher Sturm letzte Nacht! Viele Bäume sind laut krachend umgestürzt. Zum Glück ist ihm kein Ast auf den Kopf gefallen. Furchtbar geregnet hat es auch, und der kleine Dino steht mitten im Schlamm. Langsam stapft er auf die Lichtung.

Hmm, denkt er, die Blätter riechen lecker. Ob sie auch schmecken? Vorsichtig beginnt er zu knabbern.

»Lophus«, ruft da seine Dinomama, »hier bist du ja!«

Glücklich schnaubt er durch seinen Schädelkamm. »Pfff«, tönt es leise.

Mama lacht. »Wenn du groß bist, dann wird dein Schädelkamm auch lang!«, weiß sie.

»So lang wie deiner?«, fragt Lophus. Mamas Kamm ist nämlich riesig!

Bevor Mama antworten kann, bebt die Erde. »Was ist das denn?«, fragt Lophus ängstlich und guckt zu seiner Mama hoch.

»Das sind die Titanosaurier. Eine ganze Herde. Komm schnell zur Seite, sonst tritt noch einer auf dich drauf!«, ruft Mama aufgeregt.

»Sind die riesig!« Lophus kann gar nicht mehr aufhören zu staunen. Selbst die Füße der Titanosaurier sind größer als er.

Als die Riesendinos weg sind, läuft Lophus zusammen mit seiner Mama weiter. Während sie ihre Herde suchen, zeigt Mama Lophus, welche Farnblätter er fressen kann, dass die Schachtelhalme piksen und dass bei Palmen nur die jungen Blätter richtig gut schmecken.

Plötzlich zieht sie ihn ins Gebüsch. »Scht, ganz leise«, flüstert sie aufgeregt.

»Siehst du den kleinen Dino dort? Das ist ein Veloceraptor. Er hat fiese scharfe Krallen und ist superschnell. Er ist frech, aber er greift alle an, die sich nicht schnell genug verstecken. Vor dem musst du dich in Acht nehmen.«

Lophus hält vor Angst die Luft an. Ganz dicht schmiegt er sich an Mama. Aber da ist der Veloceraptor auch schon wieder weg. Glück gehabt! Die beiden laufen weiter, klettern über umgestürzte Bäume und patschen durch den Matsch.

»Mama, der ist ja riesig!« Lophus hat schon wieder Angst.

»Ach, das ist ein Angeber! Der spreizt doch nur seinen Kragen, damit er ganz groß aussieht. Das macht Dilophosaurus immer«, erklärt Mama.

»Also brauche ich mich nicht zu fürchten?«, fragt Lophus ein kleines bisschen mutiger. Mama wiegt den Kopf hin und her. »Doch, der ist zwar nicht so groß, wie er aussieht, dafür kann er aber ganz schön zubeißen. Und jetzt lass uns endlich weitergehen.« Ungeduldig zieht Mama Lophus hinter sich her.

Aber der hat schon wieder was entdeckt. »Du, Mama, der dahinten im Tal, ist der gefährlich?«

Erschrocken bleibt Mama stehen. »Wer? Wo?« Sie schaut sich um. »Ach, nee, das sind nur die Stegosaurier. Die haben lustige Stacheln, aber wenn du sie nicht ärgerst, lassen sie dich in Ruhe.«

»Und der da, der ist bestimmt nicht gefährlich. Stimmt's?«, fragt Lophus und zeigt in die Luft.

Mama schaut genau hin. »Pterodactylus«, sagt sie fachmännisch.

»Die leben am Meer. Und eigentlich fressen sie Fische. Sie müssen wohl im Sturm letzte Nacht vom Weg abgekommen sein.«

Mama will schon wieder weiter. Langsam wird sie ungeduldig,

weil sie die anderen noch nicht gefunden haben. Aber Lophus hat schon wieder etwas entdeckt.

»Du, Mama«, sagt er, »dahinten am Wasser, kennst du die?«

»Endlich!« Mama ist erleichtert. »Das ist unsere Herde. Lophus, mein Schatz, du hast sie entdeckt!«

Fröhlich rennen die beiden zu ihrer Herde zurück.

»Heute hab ich viel gelernt«, murmelt Lophus am Abend zufrieden und kuschelt sich an seine Mama. Und dann ist er auch schon eingeschlafen.

Von Drachen und Dinosauriern

»Ich nehme den Besenstiel von Mamas Besen, damit bastele ich den allerlängsten Hals, wie beim Brachiosaurus!«, ruft Philipp, als er an diesem Morgen in den Kindergarten kommt.
Nächste Woche feiern sie nämlich im Kindergarten ein großes Dinosaurierfest. Überall liegen Dinobücher herum, und Frau Lachmann liest eine Geschichte nach der anderen vor. Auch die Bilder gucken sich die Kinder ganz genau an, denn sie wollen sich besonders schöne Dinokostüme basteln.
»Ich schneide mir ganz lange Krallen aus Pappe, so gefährlich bin ich! Und cool!«, meint Linda.
Die anderen basteln große Schuppen für den Rücken und stabile Kappen, die sie auf den Kopf setzen. Lina und Tom üben Dinosaurierschreie, bis Frau Lachmann sie stoppt.
Lukas kann bei den ganzen Vorbereitungen nicht mitmachen, er ist krank. Dabei wollte er sich ein Hautsegel basteln, das er wie einen Kragen umlegt und dann plötzlich hochstellen kann. Das soll die anderen erschrecken, so wie die echten Dinosaurier ihre Angreifer erschreckt haben.
Als Lukas endlich wieder in den Kindergarten gehen kann, haben die anderen ihre Kostüme fast fertig. Deswegen spricht Frau Lachmann mit Lukas' Mama.

Und so bastelt Lukas mit seiner Mama am Abend eine richtige Dinosaurierkappe in Grün und Orange. Lukas findet sie ganz toll, auch wenn aus seinem Drachenhautsegel nichts geworden ist. Dazu zieht er ein orangefarbenes T-Shirt und eine grüne Hose an.
Als Lukas am nächsten Morgen in den Kindergarten kommt, schreit Tom ganz laut: »Lukas sieht aus wie ein Drache. Der weiß ja noch nicht mal, was ein echter Dino ist.«
Lukas zieht den Kopf ein. Dabei war er so stolz, dass er mit Mama doch noch ein ganzes Kostüm gebastelt hat!
Da nimmt Frau Lachmann Lukas einfach in den Arm und erklärt: »Dinosaurier und Drachen sind Verwandte. Die Dinosaurier lebten vor Urzeiten, das haben wir uns ja in den Büchern angeguckt. Viele waren riesige Tiere. So groß wie mehrere Elefanten. Es gab aber auch ganz kleine. Manche hatten riesige Köpfe zur Abschreckung, manche Krallen oder Hörner oder Hautsegel. Einige fraßen Pflanzen, andere Fleisch.

Sie streiften durch riesige Urwälder, die damals noch unsere Erde bedeckten. Einige konnten fliegen, einige liefen aufrecht auf zwei Beinen. Von wieder anderen nimmt man an, dass sie auf vier Beinen liefen.«

»Aber das weiß ich doch alles!«, ruft Lukas. »Und was hat das mit Drachen zu tun?« Er schaut Frau Lachmann mit großen Augen an.

»Drachen sehen ähnlich aus. Drachen haben auch riesige Schwanz- und Rückenschuppen. Sie fliegen, laufen und können manchmal auch schwimmen. Sie leben im Wald und in Höhlen. Drachen können Feuer spucken. Drachen sind stark und gefährlich.«

»Dinos konnten kein Feuer spucken«, sagt Lukas. Und nach einer Weile: »Drachen sind die Geschichtentiere, und Dinosaurier gab es echt.«

»Genau!«, sagt Frau Lachmann. »Ein Dinosaurier kann also einem großen starken Drachen aus einer Rittergeschichte sehr ähnlich sein.«

»Also ist Lukas ein Dinodrache«, ruft Tom.

»Dann kann Lukas ja Ritterkämpfe machen und Feuer spucken!«, ruft Emma bewundernd.

»Das will ich auch!«, schreit Tom nun plötzlich.

Lukas strahlt. »Und weil Drachen die Geschichtentiere sind und sie einer erfunden hat, deswegen kann man sie basteln, wie man es sich eben ausdenkt!«

Frau Lachmann schmunzelt. »So, all ihr Dinos und Drachen, und jetzt feiern wir unser Dino-Drachen-Fest.«

Wo ist Majas Ei?

Langsam geht hinter den Bäumen die Sonne auf. Der Morgennebel hängt noch über dem Wasser, doch die ersten Libellen summen schon. Maja hat die ganze Nacht schlecht geschlafen. Jetzt schreckt sie aus einem schlimmen Traum hoch. Die junge Majasaura-Mutter hat geträumt, dass ihr Ei verschwunden ist!

Gestern hatte Maja den ganzen Tag nach einem Nest für ihr allererstes Ei gesucht. Das war vielleicht anstrengend und ganz schön schwierig! Die eine Kuhle war zu feucht, in die andere ragten ungemütliche Wurzeln, und in der dritten krabbelten kleine Würmer herum. Irgendwann war sie erschöpft eingeschlafen, mit dem Ei unter ihrem Schwanz.

Dabei hatte sie nur ein einziges Ei, wo doch Majasaura-Mütter normalerweise zehn bis zwanzig Eier legen.

Jetzt schaut sie sich um. Wo hat sie denn nun bloß ihr Ei versteckt? Es ist tatsächlich verschwunden – genau wie in ihrem Traum.

Maja schaut unter einen Busch. »Hallo?« Keine Antwort. Aber ein Ei kann ja auch gar nicht antworten.

Majas Herz klopft ganz schnell. Wo hat sie nur ihr Ei vergraben?

Sie geht aufgeregt den Strand entlang. Hier und da buddelt sie vorsichtig Löcher in den Sand. Aber außer ein paar Würmern und Steinen findet sie nichts.

Maja kehrt um und geht wieder in den Wald. Traurig legt sie ihren Kopf auf die oberen Blätter einer Palme. Vom vielen Suchen ist sie ganz müde und schlapp. Und eigentlich frisst eine Majasaura doch den ganzen Tag.

Und so macht Maja sich gierig über die Palmblätter her. Genüsslich schmatzt sie vor sich hin.

Als sie genug gegessen hat, geht es ihr schon etwas besser.

Weiter, denkt Maja, ich muss das Ei suchen! Am besten, ich frage die anderen, ob sie mein Ei gesehen haben.

Langsam trottet Maja zu einer Gruppe Dinosaurier, die an großen Farnbüschen knabbern.

»Habt ihr mein Ei gesehen?«

»Ja, vielleicht«, sagt eine große alte Dinosaurierdame. »Ich habe vorhin etwas gesehen.«

»Was denn, wo denn?« Maja ist auf einmal ganz aufgeregt.

»Dort hinten bei der großen Sandkuhle«, antwortet die Dinosaurierdame. »Ich habe gesehen, wie jemand ein einzelnes Ei dorthin gerollt hat.«

»Danke«, ruft Maja und läuft, so schnell sie kann, zur Sandkuhle.

Ratlos schaut sie sich um. Wie soll sie denn hier ihr Ei finden? In der sonnigen

Sandkuhle sind mehrere Nester, die mit Blättern und Wurzeln zugedeckt sind. In jedem Nest sind bestimmt zwanzig Eier.
Doch Maja gibt nicht auf. Sie fängt an, die Nester zu untersuchen.
Plötzlich stößt ihr jemand in die Seite.
»Was hast du hier zu suchen?«, fragt eine wütende Dinosauriermutter und deckt ihr Nest wieder zu. »Die Eier dürfen nicht kalt werden, sonst können die Babys nicht wachsen.«
»Ja, ich weiß«, sagt Maja und nickt. »Hast du vielleicht mein Ei gesehen?«
Die Dinosauriermutter antwortet schnippisch: »Ach, dir gehört das Ei. Wie kann man nur so verantwortungslos sein und es irgendwo liegen lassen?«
»Aber ich habe doch gestern keinen schönen Platz gefunden, und da habe ich es einfach unter meinen Schwanz gelegt. Da muss es weggerollt sein.« Maja guckt ganz traurig. »Es ist doch mein allererstes Ei. Wo ist es denn bloß?«
Die Dinosauriermutter schiebt mit ihrer breiten Nase ein paar Wurzeln und Blätter zur Seite.
»Hier in meinem Nest, hier liegt es schön warm und weich.«
»Danke, dass du dich um mein Ei gekümmert hast«, sagt Maja glücklich.
»Schon gut«, grummelt die Dinosauriermutter. »Pass das nächste Mal besser auf.«
»Ja«, meint Maja beschämt. »Das wird nie, nie wieder vorkommen.«
Und sofort fängt Maja an, für ihr Ei ein schönes, warmes Nest zu bauen. Als es fertig ist, kullert Maja ihr Ei vorsichtig in das neue Nest und deckt es mit Blättern und Sand zu.

Pass auf, kleiner Topsi!

»Topsi!«, ruft Mama. »Topsi, wo bist du?« Besorgt schaut sie sich um.

»Er kann es einfach nicht lassen«, brummt sein Vater wütend. »Immer wieder entfernt er sich von unserer Herde, das ist viel zu gefährlich.«

Ein paar Meter weiter hat Topsi sich im dichten Schilf versteckt und beobachtet die Herde. Topsi ist ein kleiner Triceratops, der gerne Quatsch macht und für sein Leben gern die Umgebung erkundet.

»Hihi«, freut er sich. »Die sehen mich nicht, obwohl ich gar nicht weg bin.«

»Topsi!«, ruft seine Mutter wieder und wendet ihren großen Kopf mit den drei Hörnern hin und her. »Komm her!«

Aber Topsi rührt sich nicht vom Fleck.

Ich will auch mal meine Ruhe haben, denkt er. Den ganzen Tag sagt Mama: Tu dies nicht, tu das nicht, bleib hier, komm her … Du weißt doch noch gar nichts von den Gefahren … Was meint sie damit bloß?

Rückwärts und ganz langsam schleicht sich Topsi durchs Gebüsch.

Als er die Herde seiner Eltern nicht mehr sehen kann, schnüffelt Topsi zufrieden umher. Alles ist interessant, und alles muss probiert werden.

»Ihh!«, ruft er und spuckt ein paar Blätter aus, die furchtbar bitter schmecken. Dabei sahen die so lecker aus, denkt er verwundert.

Plötzlich hört er ein ganz tiefes, lautes Trompeten. Topsi zuckt zusammen. Er steht auf einmal direkt neben einer Herde von riesigen Dinosauriern.

Sie haben einen ganz großen Kopf, und ab und zu bläht einer seine Nase auf und trompetet ganz laut.

Topsi bekommt Angst. Ob das die Gefahr ist, von der Mama gesprochen hat?

Doch die großen Dinosaurier interessieren sich gar nicht für Topsi. Sie ziehen einfach an ihm vorüber. Manche nicken ihm sogar noch freundlich zu.

»Puh!«, atmet Topsi erleichtert auf. »Dann will ich mal weiter.«

Nach einer Weile wird es Topsi langweilig. Jetzt möchte ich spielen, denkt er. Suchend schaut er sich um.

Da knackt es hinter ihm im Gebüsch. »Hallo!«, ruft Topsi. »Ist da jemand?«

Wie aus dem Nichts springt ein Dinosaurier direkt vor seine Füße und brüllt ihm ins Gesicht: »Uahh!«

Er ist viel kleiner als Topsi, aber dafür guckt er ganz böse. Und er zeigt seine scharfen Zähne.

»Ich bin Topsi, und wer bist du?«, fragt Topsi freundlich.

»Uahh«, brüllt der andere. »Ich bin ein gefährlicher Tyrannosaurus und heiße Carni.«

Topsi muss lachen. »Du und gefährlich? Du bist doch viel kleiner als ich. Wollen wir nicht lieber etwas spielen?«

»Spielen?«, fragt Carni. »Ich hab noch nie gespielt. Ich will dich fressen. Uahh!«

Topsi schaut ihn genauer an. Aber da hat ihn Carni auch schon gebissen.

»Aua«, ruft Topsi wütend. »Du spinnst wohl.«

Aber Carni lässt nicht locker. Immer wieder versucht er, Topsi zu beißen.

»Lass mich in Ruhe!«, schreit Topsi.

»Nein!«, ruft Carni. »Ich will dich fressen!«

Auf einmal weiß Topsi, was Gefahr ist. Er nimmt seine ganze Kraft zusammen und rennt. Er rennt und rennt, und mit seinen drei Hörnern kämpft er sich den Weg durchs Gebüsch frei.

»Gleich hab ich dich«, keucht Carni hinter ihm.

Da bleibt Topsi stehen, dreht sich um und streckt Carni mutig seine spitzen Hörner entgegen.

»Verschwinde!«, schreit er ihn an.

Carni kann gar nicht mehr rechtzeitig bremsen und stößt sich doll an Topsis Hörnern.

»Aua!«, heult er auf.

»Wenn du mich nicht in Ruhe lässt, dann wirst du meine Hörner gleich noch mal kennenlernen«, faucht Topsi böse.

»Ist ja gut«, brummt Carni. »Ich geh schon.«

»Aber schnell«, meint Topsi. »Und lass dich hier ja nie mehr blicken!«

Als Topsi nach einiger Zeit wieder bei seiner Herde ankommt, ruft Mama: »Da bist du ja endlich! Weißt du, in welche Gefahr du dich begeben hast?«

Topsi denkt kurz nach. »Ich glaube, seit heute weiß ich das, Mama«, antwortet er stolz.

Von Dinos, Drachen und Rittern

Der kleine Dino liebte die Geschichten, die die alten Dinosaurier von Rittern, Elfen, Zwergen, Prinzessinnen und Drachen erzählten. Die Drachen fand er am tollsten. Das waren große, starke Tiere, die ein bisschen so aussahen wie Dinos. Und sie waren mutig und unerschrocken. Das gefiel ihm.
»Ab heute werde ich Drache!«, beschloss der kleine Dino eines Tages.
Er stellte sich vor den Spiegel, betrachtete seine prächtigen Schuppen, seinen gezackten Rückenkamm und seine scharfen Krallen: Ja, dachte er, ich werde Drache!
Gesagt, getan. Er machte sich auf den Weg, lief durch einen tiefen, dunklen Wald. Nach einiger Zeit sah er hoch oben auf einem Berg eine Burg. Dahin gehe ich, dachte er. Da ist sicher ein netter Ritter, bei dem ich als Drache leben kann. Der kleine Dino hatte nämlich noch keine der vielen Geschichten gehört, in denen Ritter gegen Drachen kämpften. Ritter gelten schließlich als besonders tapfer, wenn sie möglichst viele Drachen besiegen konnten.

Als der kleine Dino der Burg schon ein ganzes Stück näher gekommen war, traf er einen Ritter, hoch zu Ross und mit einem Bogen in der Hand, der gerade auf der Jagd war. »Huch«, erschrak der Ritter, als plötzlich der kleine Dinodrache vor ihm stand. Aber der Dinodrache wollte dem Ritter keine Angst machen und sagte: »Keine Angst, Herr Ritter. Ich bin ein Drache und würde gern auf einer Burg wohnen. Immer zu Euren Diensten, Herr Ritter.«

Der Ritter rieb sich die Augen. Er gab seinen Gefolgsleuten ein Zeichen, dass keiner den Drachen angreifen sollte.

Der Ritter sagte zum Drachen: »Wie soll ich glauben, dass du mir wirklich dienen willst?«

»Ich kann dir nur in die Augen schauen und es versprechen«, meinte der Dinodrache.

Der Ritter kam einen Schritt näher und schaute dem Drachen in die Augen. Er hatte ein bisschen Angst, aber er schaute ihn mutig an.

»Ich will mit dir auf die Jagd gehen, ich will dein Land gegen Feinde verteidigen. Ich werde da sein, wenn du mich brauchst.« Der Drache sagte das langsam und ruhig.

Das hörte der Ritter gern und ging noch einen Schritt näher an den Drachen heran. So ganz konnte er dem Dinodrachen noch nicht glauben, aber da fiel ihm etwas ein. Er hatte nämlich einen Nachbarn, der ihn dauernd angriff, der die Felder seiner Bauern verwüstete und sie ihnen wegnehmen wollte. Seine Bauern könnte er mit dem Drachen sicher prima beschützen. Also fragte der Ritter: »Beschützt du mich auch vor meinem Nachbarn?«

Der Drache nickte, und der Ritter lud ihn ein, auf seiner Burg zu wohnen.

Drache und Ritter zogen gemeinsam zur Burg hinauf, und alle freuten sich über den neuen Freund.

Bald fühlte sich der Drache pudelwohl. Er lag am liebsten vorm Kamin in der großen Wohnhalle. Manchmal schlich er auch um die Burg und wachte. Oder er lag auf dem Burghof und ließ sich von der Sonne wärmen.

Irgendwann nahm der Ritter den Drachen mit zu einem Kontrollgang. Sie liefen um alle Felder des Ritters herum. Es hatte sich schon herumgesprochen, dass ein gefährlicher Drache in den Diensten des Ritters sei. Der Nachbar schaute zitternd zum Drachen am Feldrand. Der Ritter dröhnte zu ihm hinüber: »Ich hab mir einen Kampfdrachen angeschafft. Wehe, du greifst mich noch einmal an! Mein Drache wird meine Felder und die Bauern beschützen!«

Der andere Ritter zitterte vor Angst und traute sich von da an nie mehr zu den Feldern seines Nachbarn.

Die Burg des mutigen Ritters wurde bald nur noch Drachenburg genannt. Und weil alle ganz schön Angst vor dem Dinodrachen hatten und sich nicht trauten, den Ritter zu ärgern, lebten der Ritter und der kleine Dino ein ruhiges und gemütliches Leben.

Die drohenden Vulkane

»Schau, so musst du zupacken!«
Flink und geschickt fischt Onyx einen dicken Fisch aus dem
Wasser und schlitzt ihn mit seinen scharfen Krallen auf. Bary, seine
kleine Schwester, guckt ganz aufmerksam zu.
Dann versucht sie es auch. Platsch, spritzt das Wasser hoch. Aber wo ist der Fisch? Bary tapst noch weiter hinein ins Wasser. Hier in der geschützten Bucht ist das Meer ganz ruhig. Überall liegen große Steine im Wasser, an denen die Wellen hochspritzen. Die Fische flutschen wie Schatten zwischen den Steinen und durch Barys Beine hindurch.
Na gut, dann knacke ich eben ein paar Muscheln, denkt Bary und lässt ihre spitzen, scharfen Zähne auf die Muschelschale krachen.
»Komm her, ich zeig es dir noch einmal«, ruft ihr großer Bruder. Bary watet zurück ans Ufer, und als sie den Kopf hebt, wirft ihr Bruder gerade einen Fisch in die Luft und fängt ihn geschickt mit seinem spitzen Maul auf. Als Bary neben ihm steht, schauen sie aufmerksam ins Wasser. »Da, ein ganz fetter Fisch«, ruft Bary, aber flugs ist der auch schon weggeschwommen.
»Psst, du musst leise sein«, schimpft ihr Bruder, »wenn du so einen Krach machst, fängst du nie etwas. Die hören das doch!«
Ganz leise schleicht Bary um einen großen Stein herum. Aber jetzt sind auf einmal keine Fische mehr da. Wie verhext ist das, dabei ist sie doch ganz still. Auch ihr Bruder findet keine Fische mehr. Alle Fische sind weg!
»Du, was ist los?«, fragt Bary erschrocken. »Ich bin doch mucksmäuschenstill.«
Ihr Bruder guckt hoch. Ganz weit hinten am Horizont ist der Himmel dunkel geworden. Eine riesige graue Wolke hängt dort über dem Meer – genau dort, wo die kleine Insel liegt.

»Ist das ein Gewitter?«, fragt Bary ihren großen Bruder.
Der schüttelt den Kopf. »Ich weiß nicht.«
Genau in dem Moment kommt ein Schwarm riesiger dunkler Vögel übers Meer geflogen. »Rette sich, wer kann!«, kreischen sei aufgeregt. »Rette sich, wer kann!«
»Bei Gewitter sind die nie so aufgeregt«, flüstert Bary.
»Das ist ja auch kein Gewitter«, erklärt ein dicker Hadrosaurus, der gerade an den Strand gekommen ist. »Siehst du das nicht? Die Wolken sind doch nur über der kleinen Insel dahinten.«
Bary nickt. Inzwischen sind schon ganz viele Dinosaurier ans Ufer gekommen.
Der eingebildete Lambeosaurus dröhnt: »Ich weiß es, ich weiß es. Es ist das große Inselfest!«

»Ach, du spinnst doch«, unterbricht ihn der dicke Edmontonia und schüttelt seine Hornplatten.

Da beugt die uralte Saltasaura-Oma ihren Kopf nach unten. »Es ist der Vulkan«, flüstert sie. »Der Vulkan ist wieder erwacht. Seht ihr, jetzt spuckt er Feuer.«

Und richtig, hinten am Horizont leuchtet es rot und orange. Bary zittert. Wie gut, dass ihr Bruder neben ihr steht.

»Vulkane sind gefährlich«, flüstert die Saltasaura weiter. »Früher, als ich noch ein schönes Dinosauriermädchen mit langem, schlankem Hals war, da hat bei uns hinter den Hügeln ein Vulkan Feuer gespuckt. Alles verbrannte, und wir haben kein Futter mehr gefunden. Meine Herde musste wegziehen.«

Die alte Saurierdame wiegt langsam den Kopf hin und her und seufzt.

»Gut, dass wir so weit weg von dem Vulkan sind«, sagt Bary und kuschelt sich noch enger an ihren Bruder.

Stegi und sein großer Bruder

»Brr, ist mir kalt«, bibbert der kleine Stegi.
Sein großer Bruder Stego ist schon zwei Köpfe größer als
er. Ihm ist nicht kalt. »Stell dich einfach in die Sonne, und lass ihre Strahlen direkt auf deine vielen Rückenplatten scheinen«, erklärt Stego. »Dann wird dir ganz schnell warm.«
»Echt?«, fragt Stegi verwundert und stampft mit seinen vier kleinen, dicken Beinen zur Lichtung, wo schon die Sonne scheint und die Tautropfen an den Blättern glitzern. Seine kleinen, spitzen Schwanzstacheln wackeln lustig hin und her.
»So?«, fragt er und streckt seinen kleinen, schmalen Kopf Richtung Sonne.
»Doch nicht so«, meint der große Stego und stopft sich schnell noch ein paar süße Blüten ins Maul. Gemächlich stampft Stego auf seinen kleinen Bruder zu.
»So, Stegi«, sagt er. »Dreh dein Hinterteil zur Sonne, und klapp alle deine Platten hinunter.«
Stego macht es seinem Bruder vor. »Und nun lass die Sonne auf deine Platten scheinen.«
Stegi muss gar nicht lange warten, dann durchströmt ihn eine wohlige Wärme, und er hört auf zu zittern. »Du hast recht«, meint Stegi. »Jetzt wird mir warm. Das ist ja praktisch.«
Stegi bleibt noch eine ganze Weile so stehen und genießt die Wärme der Sonne.
»Krrrr«, macht es da ganz laut.
Stego dreht sich zu Stegi. »Was war das denn?«, fragt er.

»Hihihi«, kichert Stegi. »Das war ich, mein Bauch hat ganz laut gegrummelt.«
»Komm«, meint Stego besorgt. »Du musst endlich was essen, sonst kannst du dich bei einem Angriff nicht wehren. Hier sind besonders gute Blätter«, sagt er und stupst Stegi an. Stego ist ein echter Feinschmecker und weiß, welche Pflanzen am besten schmecken und am meisten Kraft geben.
Stegi frisst und frisst. Dabei kommt er immer mehr in die Nähe des Unterholzes. Plötzlich hört er ein kräftiges, unheimliches Schnauben. Stegi fällt vor Schreck ein Blatt aus dem Maul, denn plötzlich stehen direkt vor ihm zwei riesengroße Füße mit drei großen Zehen. Ganz langsam schaut er nach oben. Wie aus dem Nichts greifen ein paar scharfe Fingerkrallen nach ihm. Doch der kleine Stegi hat schon viel von seinem großen Bruder gelernt! Blitzschnell rollt er sich zusammen, seine Rückenplatten schützen ihn wie ein Panzer. Seinen Schwanz mit den vier scharfen Stacheln schleudert er wie wild durch die Gegend.
»Uahh!«, schreit da auf einmal der schreckliche Allosaurus. Stegi hat ihn mit seinen Schwanzstacheln erwischt.

Und da ist Stego auch schon zur Stelle. Er ist richtig wütend, weil jemand seinem kleinen Bruder etwas Böses tun will. Außerdem ist Stego fast genauso groß wie der Allosaurus.

Stego greift den Allosaurus mit seinen vier Schwanzstacheln an. Natürlich sind die noch viel größer und gefährlicher als die von Stegi, und er kann damit richtig schmerzhafte Schläge austeilen.

Es wird ein wilder Kampf. Der Allosaurus will und will nicht verschwinden. Stegi ist jetzt aber so voller Wut, dass er nicht nur seine Stacheln ausfährt und dem anderen seinen Panzer entgegenstreckt. Er fühlt sich plötzlich auch ganz stark. Er schlägt kräftig zu. Ganz plötzlich dreht sich der Allosaurus um und läuft weg. Er humpelt. Stego muss ihn am Bein erwischt haben.

Stegi lässt sich ins Gras plumpsen.

»Du warst echt klasse«, meint Stego zu seinem Bruder. »Ich bin sehr stolz auf dich. Fast hättest du ihn allein in die Flucht geschlagen.«

Stegi streckt stolz seine Nase in die Höhe. »Der kommt heute bestimmt nicht wieder, sonst kann er was erleben.« Mutig wedelt er mit seinen Schwanzstacheln hin und her.

Freddy

»Stark wie ein Dino sein, das wäre toll«, sagt Anton und seufzt. Er würde sich am liebsten den ganzen Tag hier im Waschraum verstecken. Alle ärgern ihn, besonders David. Und Felix, Antons bester Freund, ist krank.

»Wenn man einfach so stark sein könnte wie ein Dinosaurier«, sagt Anton noch einmal und wäscht sich zum vierten Mal die Hände. Als er seine Hände abgetrocknet hat, nimmt er seinen Lieblingsdinosaurier Freddy aus der Hosentasche. Freddy ist ein kleiner Spinosaurus. Sein ganzer Körper ist bläulich, nur am Bauch schimmert er rot, und in seiner langen, spitzen Schnauze leuchten kräftige, weiße Zähne. Nachdenklich streicht Anton über das Rückensegel, die kleinen Zacken kitzeln an seinem Finger.

Da passiert es. Freddy rekelt sich in Antons Hand, er reckt sich, schaut Anton an und sagt: »Da bin ich. Du hast mich gerufen.« Vor Schreck zieht Anton schnell seine Hand zurück, aber bevor Freddy hinunterfallen kann, springt er schon selbst auf den Fußboden.

Freddy zwinkert Anton zu. »Komm, wir gehen zusammen zurück in die Gruppe«, sagt er. »Du brauchst keine Angst zu haben.«

Anton sieht Freddy noch etwas verdutzt an, aber dann öffnet er die Tür des Waschraums. Als sie in den Spieleraum zurückkommen, stößt Freddy den dicken David einfach zur Seite. Er zischt nur ganz kurz, und schon ist David still. Der traut sich heute nicht mehr, Anton zu ärgern.

Den Rest des Kindergartentages ist Anton damit beschäftigt, Freddy zu verstecken. Was nicht einfach ist, denn Freddy wächst ständig. Zum Glück sehen ihn die Erzieherinnen nicht.

Puh! Als Anton dann mit Freddy nach Hause gehen muss, passt dieser gerade noch

durch die Tür. Das ist klasse, so ein großer Freddy kann ihn super beschützen. Aber Anton macht sich auch Sorgen. Wohin soll er mit Freddy?
Auf der Straße weichen alle Leute ängstlich zur Seite.
Vor ihrem Haus treffen sie Herrn Gemein. »Haustiere sind hier nicht erlaubt!«, zetert der sofort. Anton mag Herrn Gemein nicht. Doch Freddy stellt sich einfach vor Herrn Gemein, bleckt seine Zähne und schiebt ihn ganz sanft mit der Schnauze in seine Wohnung.
Als Anton sich danach mit Freddy im Kinderzimmer verstecken will, ist Freddy schon so groß, dass er das halbe Zimmer ausfüllt. Mama flüstert entsetzt: »Der hat hier aber keinen Platz!«
»Aber Mama, das ist doch Freddy«, sagt Anton. »Und Freddy ist mein Starkmacher.«

Da hört Anton plötzlich ein Feuerwehrauto. Die Sirene heult, die Bremsen quietschen, und es hält genau vor ihrem Haus. Männer springen heraus und zeigen aufgeregt nach oben.

Die wollen Freddy holen, denkt Anton. Was soll er bloß machen?

Anton flüstert: »Bitte, werd wieder klein, Freddy.«

Draußen an der Wohnungstür klingelt es, und dann stürmen auch schon die Feuerwehrmänner herein.

Freddy wird langsam kleiner.

Mama spricht mit den Feuerwehrmännern. Doch die hören gar nicht zu, sondern rennen einfach weiter.

Freddy schrumpft. Jetzt ist er nur noch so groß wie Antons Kuschelbär.

Draußen vor der Tür schimpft Herr Gemein: »Jetzt holt schon endlich das gefährliche Biest!«

Da reißen die Feuerwehrmänner auch schon die Tür zu Antons Zimmer auf.

Sie gucken.

Sie gucken noch einmal.

Aber im Zimmer ist nichts. Kein gefährliches Biest und kein wildes Tier. Nur Anton steht im Zimmer und grinst. In der rechten Hand hält er einen kleinen, blauen Spielzeugdinosaurier.

Als alle gegangen sind, flüstert Freddy: »Wenn du mich brauchst, hol mich. Ich kann jederzeit wiederkommen.«

Da weiß Anton, dass er einen Freund gefunden hat, der ihn stark macht und der zu ihm hält, wenn er ihn braucht.

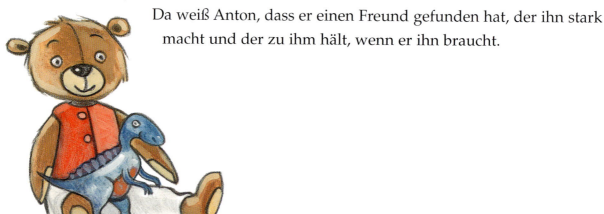

Hier wird fröhlich weiter vorgelesen:

Prinzessin Isabel beschließt, einen Tag mit ihrer Zofe Isla zu tauschen. Und plötzlich ist nicht nur die Langeweile verflogen, sondern Isabel findet auch eine neue Freundin. Prinzessin Chili veranstaltet im Schloss von Prinz Benjamin einen ganz schönen Wirbel, und Prinzessin Miranda wäre am liebsten eine richtige Piratenprinzessin.

Wer hat Angst vorm bösen Monster? Niemand! Zumindest niemand, der Mo-Mo Monster kennenlernt. Mo-Mo Monster ist nämlich kein bisschen gruselig. Auch die anderen Monster haben Wichtigeres zu tun, als Menschen zu erschrecken: Sie besuchen die Schule. Lassen Pupser los. Oder retten altes Spielzeug.

Ingrid Kellner · Michaela Sangl
Kleine Prinzessinnen-Geschichten zum Vorlesen
Ab 3 Jahren · 32 Seiten · ISBN 978-3-7707-2913-5

Christian Dreller · Barbara Korthues
Lustige Monster-Geschichten zum Vorlesen
Ab 4 Jahren · 48 Seiten · ISBN 978-3-7707-2373-7

Lust auf Piraten-, Feuerwehr- oder Tierkinderabenteuer? Entdecken Sie weitere Bücher aus unserer Reihe „Kleine Vorlesegeschichten" für Kinder ab 2, 3 und 4 Jahren.
www.ellermann.de